CW00408170

RUSH

RUSH

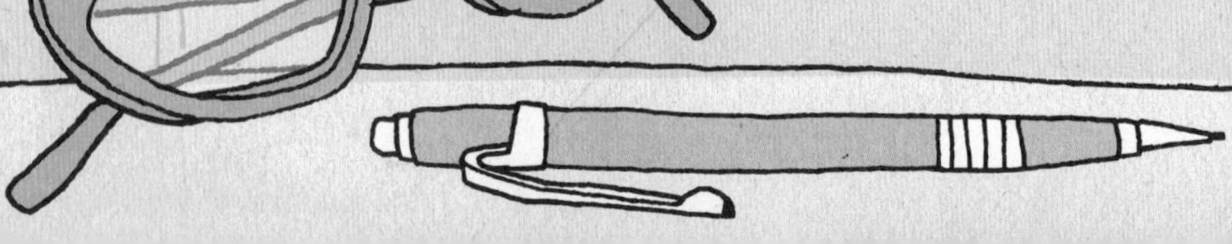

RUSH

RUSH

RUSH

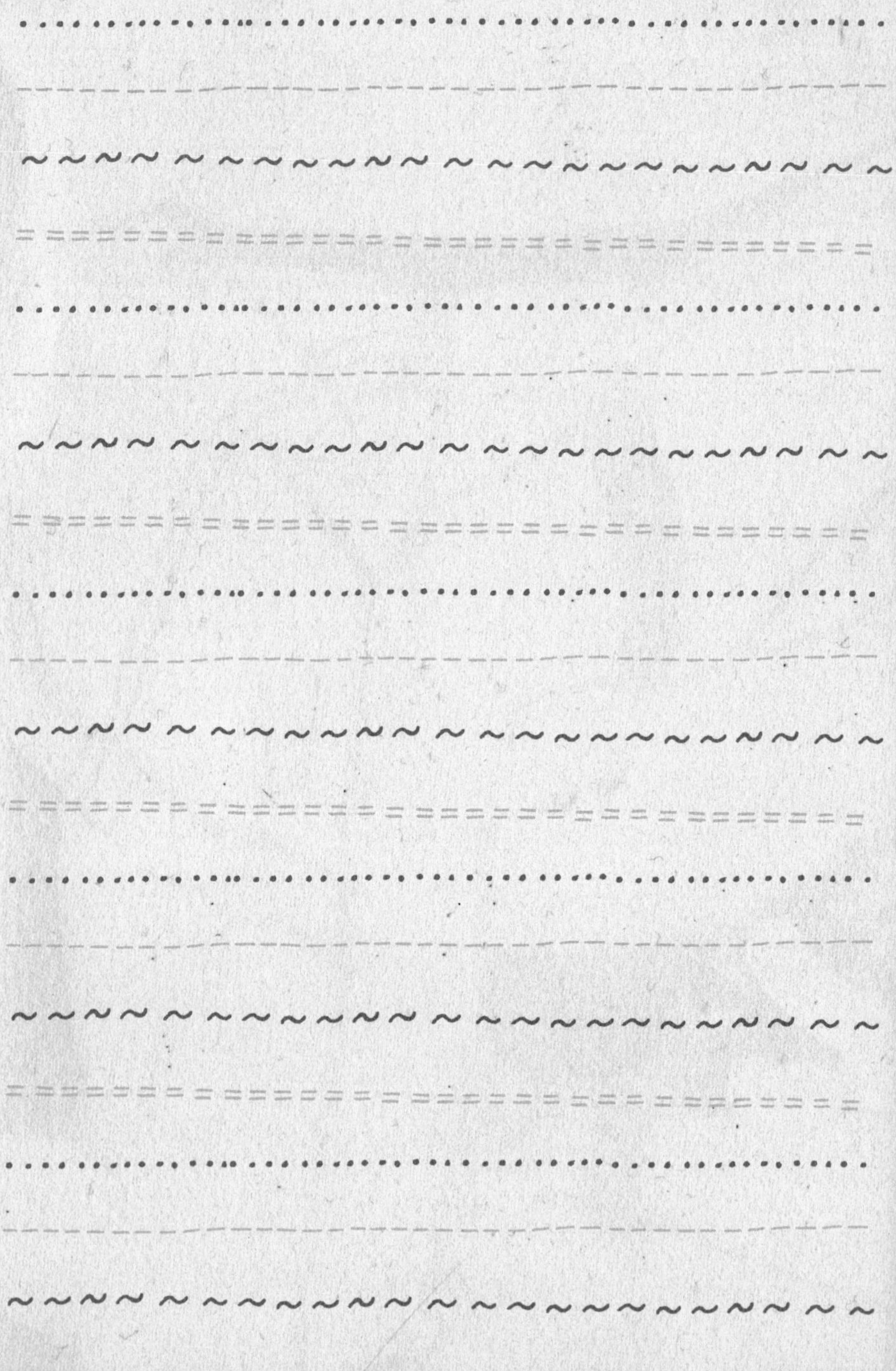

RUSH

RUSH

RUSH

RUSH

RUSH

....

~~~~ ~ ~~~~~~~ ~ ~~~~~~~~~~~ ~~

================================

....

~~~~ ~ ~~~~~~~ ~ ~~~~~~~~~~~ ~~

================================

....

~~~~ ~ ~~~~~~~ ~ ~~~~~~~~~~~ ~~

================================

....

~~~~ ~ ~~~~~~~ ~ ~~~~~~~~~~~ ~~

================================

....

~~~~ ~ ~~~~~~~ ~ ~~~~~~~~~~~ ~~
~~~~

RUSH

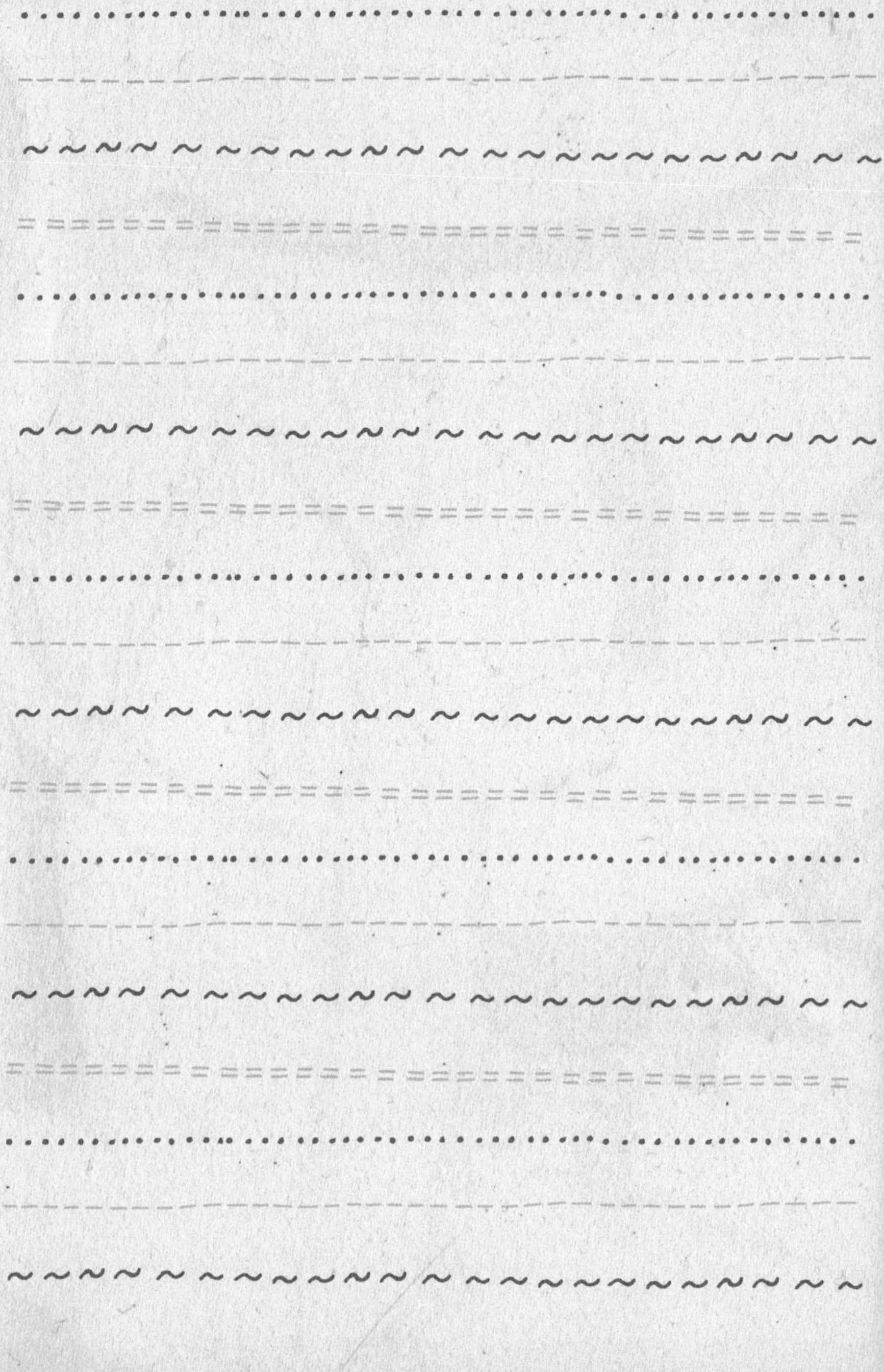

RUSH

RUSH

RUSH

RUSH

RUSH

RUSH

RUSH

RUSH

RUSH

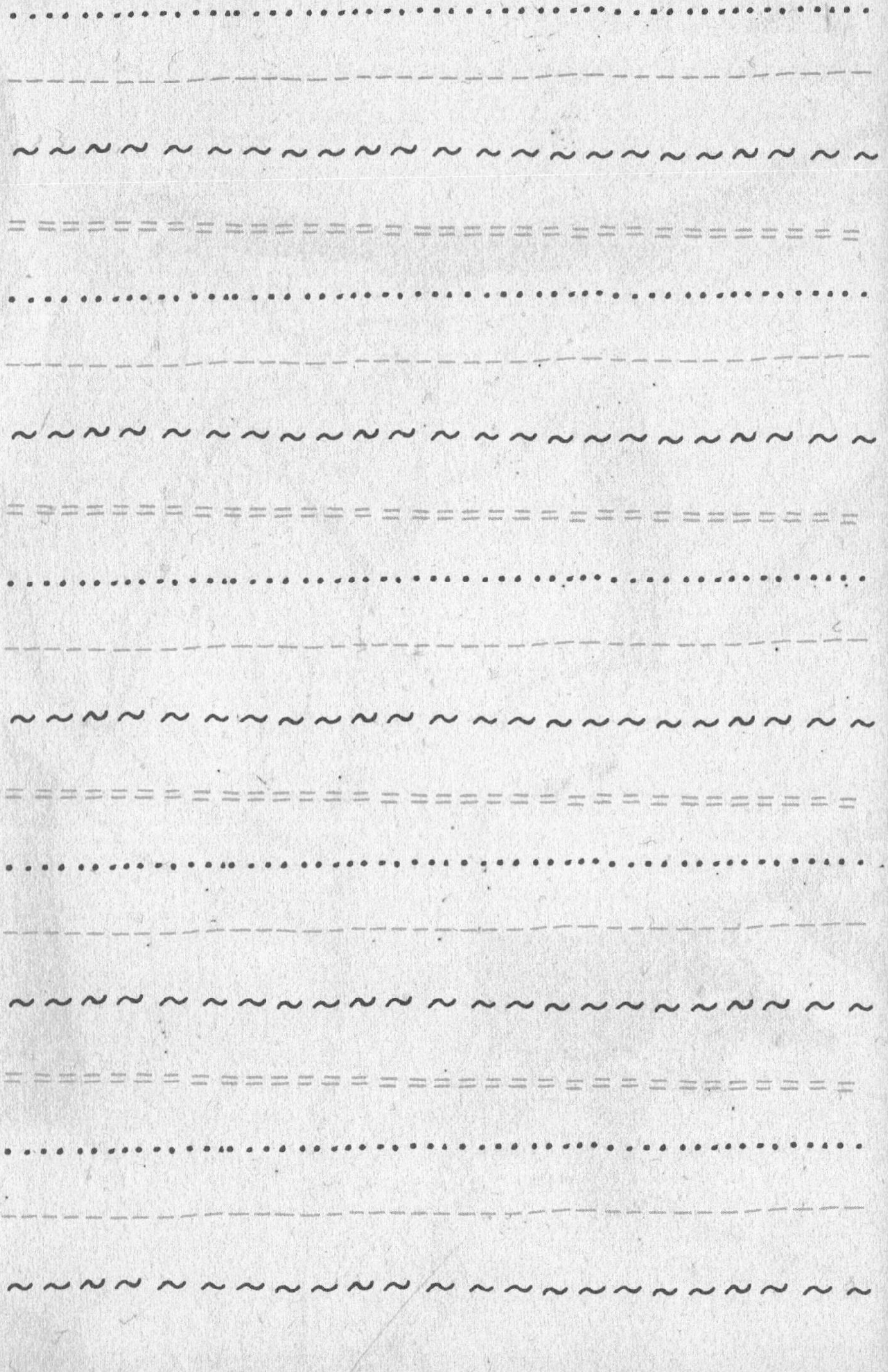

RUSH

RUSH

RUSH